eビジネス新書

No.396

週刊東洋経済

米国株 超入門

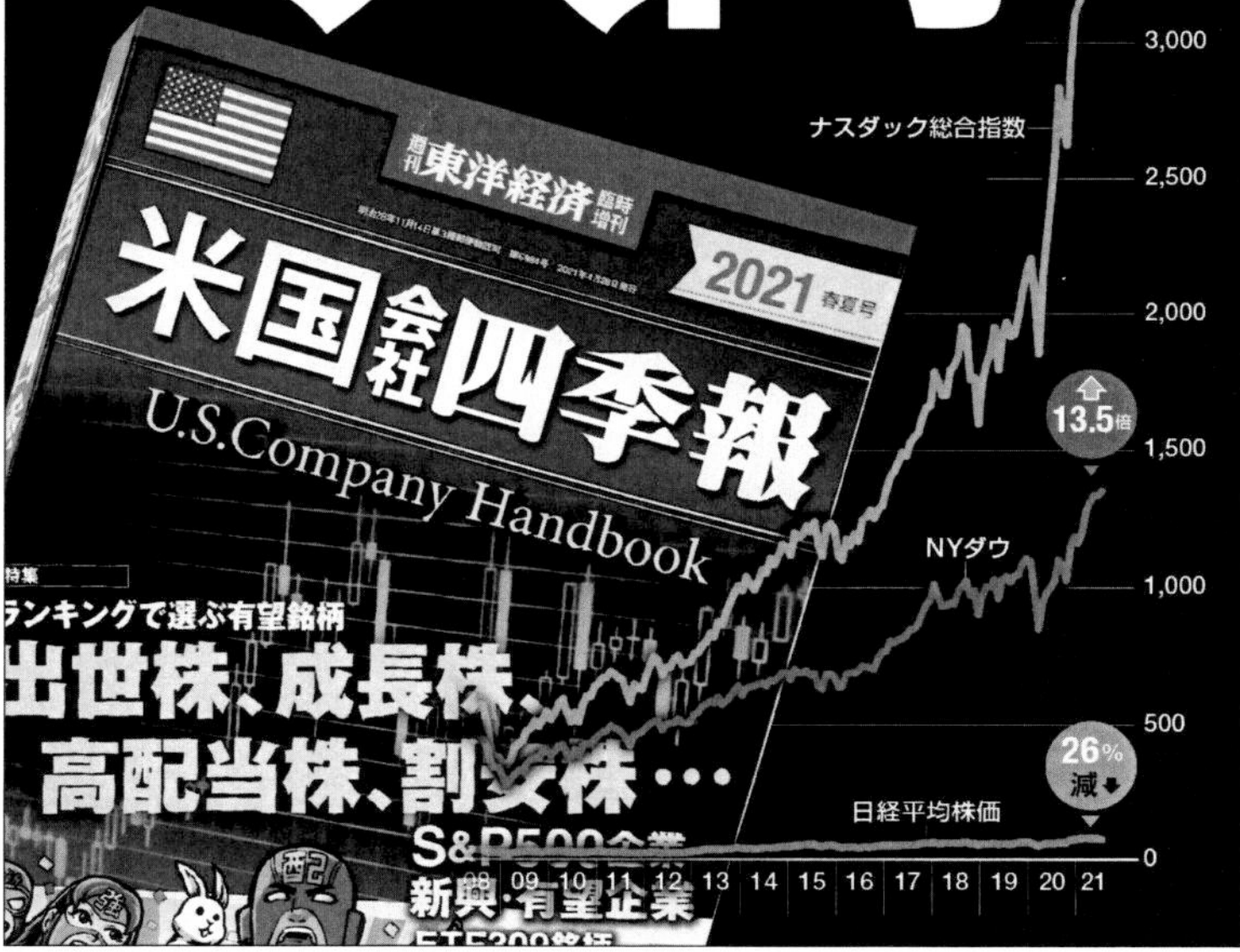

特集

ランキングで選ぶ有望銘柄

出世株、成長株、高配当株、割安株…

S&P500企業

新興・有望企業

週刊東洋経済 eビジネス新書 No.396

米国株 超入門

本書は、東洋経済新報社刊『週刊東洋経済』２０２１年9月１１日号より抜粋、加筆修正のうえ制作しています。情報は底本編集当時のものです。（標準読了時間 ８０分）

米国株　超入門　目次

【超入門】7つの問いで知る米国株の魅力

米国株投資の基本の〝キ〟

米国株投資を始めるうえで必要な株価指数や取引時間、リスクなどの基本知識を7つのQ&A形式でまとめた。

【Q1】米国株はどこで買えるの？

国際分散投資への関心の高まりから、米国株を扱う日本の証券会社が増えている。SBI証券や楽天証券などの大手ネット証券では約4000もの銘柄を扱う会社もある。ただ米国株を取り扱っていない証券会社もあるため、口座開設時などに確認しよう。

また米国株を買うには外国株の取引口座が必要となる。証券会社によっては総合口座開設と同時に外国株口座も自動で開設されるところがあり、その場合は追加の手続きが必要ない。確定申告が不要、または簡易な確定申告が可能となる特定口座にも対応している。

米国株投資の主なポイント ✓

投資商品	個別株、ETF、投資信託
主な購入場所	ネット証券など 日本の証券会社
主な株式指数	NYダウ平均、ナスダック 総合指数、S&P500など
証券コード	ティッカーと呼ばれる アルファベット
株式売買単位	1株から
市場取引時間	日本時間の23時半～翌6時。 ただし、サマータイム時期は 22時半～翌5時
手数料	売買時と為替交換時にかかる
値幅制限	なし。日本のようなストップ 高、ストップ安がない
決算期	主に12月期
配当	年4回が中心
特定口座の利用	可能
NISA、iDeCoの利用	投資信託やETFで可能
配当への課税	米国で10%が源泉徴収され るも、確定申告で取り戻せる

（出所）取材などを基に東洋経済作成

【Q2】日経平均のような代表的な株価指数は？

主に3つある。NYダウ平均は米国を代表する30銘柄の平均株価を指数化したもので、インテルやIBMなどが現在の構成銘柄だ。ナスダック総合指数はGAFAM（グーグル、アマゾン、フェイスブック、アップル、マイクロソフト）に代表されるハイテク、IT企業を対象にする。またS&P500はニューヨーク証券取引所やナスダックなどから代表的な500社を選び指数化している。

【Q3】日本株と違う点は？

まずは1株単位で買える点が大きい。例えばマイクロソフトは299・72ドル（8月27日終値）、コカ・コーラは55・65ドル（同）と、ほとんどの銘柄が数千〜数万円で購入できる。一方、売買単位が100株の日本の場合、トヨタ自動車は94万6374円（同）、ソニーグループは112万3440円（同）と有名銘柄には約100万円もの資金が必要だ。米国株なら少額での分散投資もしやすいため、長期での資産形成に向いている。「若い人も始めやすく、年齢別では30代がいちばん多い」(楽天証券)。

時差があるため取引時間が異なる点には注意したい。日本時間の23時半~翌6時(サマータイム時は22時半~翌5時)が米国現地での取引時間だ。深夜になるため、「取引開始から2時間ほどで終える投資家が多い。日本株のような短期売買は少なく長期投資が多いのが米国株の特徴」(SBI証券)でもある。

日本株では数字4桁の証券コードがあるが、米国株ではティッカーシンボルと呼ばれるアルファベットを各銘柄に割り当てている。例えばゼネラル・モーターズなら「GM」、スリーエムなら「MMM」となる。

【Q4】どのような銘柄、商品に投資すればよい?

米国株投資は主に①個別株、②ETF(上場投資信託)、③公募投資信託の3つの方法がある。
①の個別株は4000以上もの企業が上場しており、有望企業に直接投資できる魅力はあるものの銘柄選別はやや大変だ。初心者にお薦めなのは、②のETF。ダウ平均やS&P500に連動するものから、成長株、バイオやAIといったテーマ別など

もある。米国上場のものに加え、東京証券取引所に上場する米国株ETFもある。非課税制度のiDeCo、NISAを米国株でも使い倒したいなら③の公募投資信託も検討したい。一般NISAは①②③とも適用だが、iDeCoは③のみ適用。両制度に対応する米国株投資信託は、近年残高が急増している。

【Q5】食事券などが受け取れる株主優待はある?

株主優待制度は、米国にはほとんどない。株主還元策には主に、①株主優待、②配当金、③自社株買いがある。米国企業は①に消極的な一方、②③には積極的だ。米国は年率2%ほどのインフレが続いている点が主な理由だ。物価上昇率を上回る配当利回りを出さないと資産が実質目減りになるため、積極的に配当金を出す。また連続増配の「配当貴族」銘柄が多く、60年以上連続増配という会社も存在する。

自社株買いについても、効率的な経営かどうかを測るROE(自己資本利益率)を上げようと、積極的に行っている。自社株買いは株価を上げる効果もあるため、株価が急落するときは自社株買いをし、戻りが速いという特徴もある。

ただし、成長期にある企業は投資資金を確保しようと配当を出さない傾向もある。

例えばアマゾンやアルファベット（グーグル）はいまだに無配だ。その分、投資により事業を成長させ、株価を上げて還元しているとの見方もできる。

【Q6】米国株ならではの注意点は？

日本のような値幅制限がないことだ。日本市場だと株価の急騰、急落時には投資家保護のためストップ高やストップ安といった株価を一定の範囲に抑える仕組みが機能する。だが米国ではストップ高、ストップ安がなく、決算発表日などに1日で株価が大きく動く場合がある。大きく儲けられる一方で大きく損をする可能性もある。

為替にも注意したい。米国株の購入には米ドルが必要なため、購入時、売却時に為替手数料がかかる。日本株でも株取引には売買手数料がかかるが、米国株の場合にはこれに加え為替手数料が必要となる。また為替リスクにも注意したい。購入、売却など決済時の為替によって利益や損失が変わる。

二重課税にも気をつけたい。例えば米国上場ＥＴＦの配当金が分配されると、米国で１０％分の税が源泉徴収され、さらに日本で２０・３１５％分が課税される。ただし、米国の課税分については確定申告の「外国税額控除」の制度を利用すれば取り戻せる。また一般ＮＩＳＡなどの制度をうまく活用すれば、日本での課税分を非課税とすることも可能だ（外国税額控除は適用外）。

外国株の信用取引については現在のところ利用できないものの、２２年までに解禁される予定だ。

【Q7】ずばり米国株投資の魅力は？

長期的な経済成長が期待できる点だ。経済発展の前提となる人口動態を見ると、移民を受け入れている米国は人口増が続き、２０２０年の3億３１００万人が６７年には4億人を超える見通し（国連中位推計）。実質ＧＤＰ（国内総生産）成長率は、２１年は７・０％、２２年は４・９％と安定成長が続く。

世界中の頭脳が集まりイノベーションの宝庫である、企業の新陳代謝が活発、市場の透明性が高い、プロ経営者が多いといった点も、世界中から米国企業に長期的な投資資金が集まる理由だ。

■ 米国株投資信託の残高は急増

—日本国内での米国株投資信託の資産額—

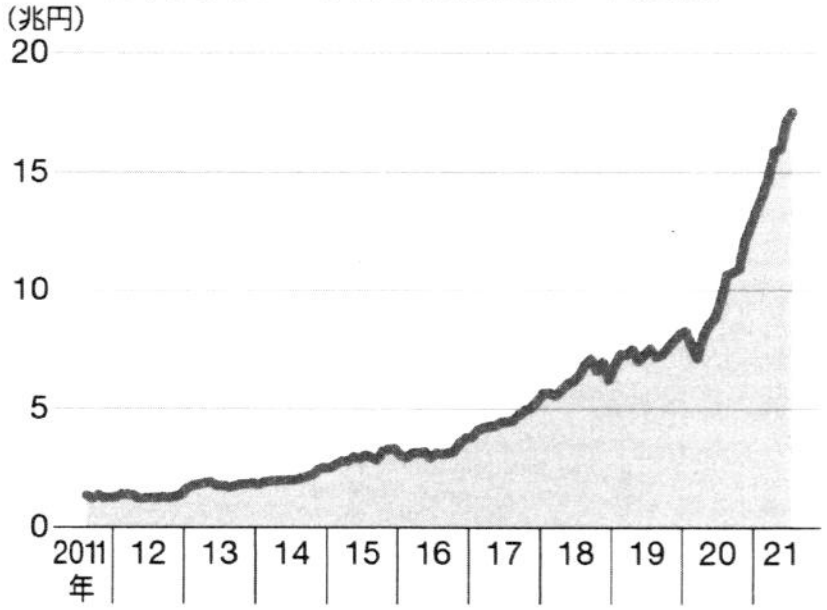

（出所）投資信託協会

■ 米国は安定した経済成長を記録

—日本と米国の経済成長率—

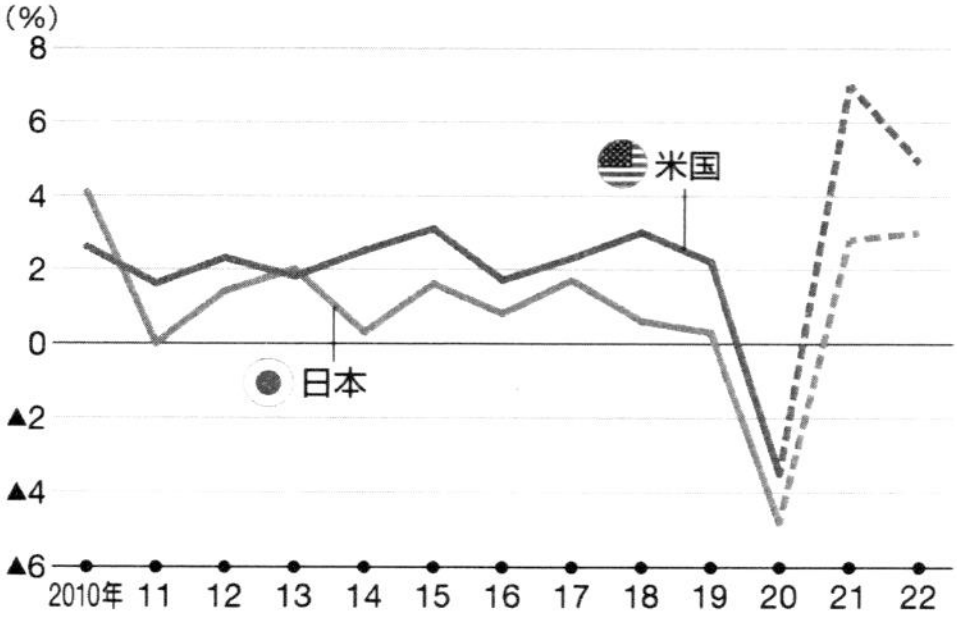

（注）実質GDPの成長率。2021、22年は7月時点の予測。▲はマイナス
（出所）IMF

米国株投資に役立つサイト

『Ｙａｈｏｏ！ファイナンス』 日本語で情報収集

各銘柄の情報が日本語で得られる。企業概要のほか過去の業績なども掲載。

『finviz.com』 主要銘柄の株価を一覧表示

主要銘柄の株価、騰落率が一覧で表示される。スクリーニング機能も搭載。

『DividendInvestor.com』 配当実績、利回りを知る

各銘柄の連続増配年数や配当利回り、配当スケジュールなど、配当状況がわかる。

『Portfolio Visualizer』 投資銘柄の実績を調べる

Backtest Portfolio 機能で、自身のポートフォリオのパフォーマンスを知ることができる。

『Fear & Greed Index』　今の投資家心理を可視化

今の市場がどれほどリスクオンかリスクオフかを測る「恐怖・貪欲指数」を提供する。

『Nasdaq IPO Calendar』　今後のＩＰＯ予定を押さえる

新興市場ナスダックの新規上場予定がわかる。ＩＰＯ（新規株式公開）株を狙う場合に見たい。

その他、「企業名 investor relations」（例：apple investor relations）でグーグル検索を行うことで、個人投資家向けのさまざまな資料を調べることができる。米国企業の資料はグラフなどを多用している。

（林　哲矢）

米国株でも日本株と同じく配当利回り重視です

日本株一筋37年　桐谷さんの米国株デビュー

個人投資家・桐谷広人

2021年5月下旬に米通信大手ベライゾン・コミュニケーションズの株を買い、米国株投資を始めた投資家の桐谷広人さん。7月には『桐谷さんの米国株入門』（ダイヤモンド社）を出版した。米国株に興味を持った訳とは……。

米国株は購入方法がわからなくて、手をつけていませんでした。ただ調べてみると、すでに持っている日本株の証券口座から米国株が買えるとわかりました。米国株へ投資するのに特別な手続きが要らない。それならやってみようと。

実際に投資してみて驚いたのは、1株から買える点です。ベライゾン株も

6000円くらいで買えるんです（21年8月24日の終値は55・01ドル）。株主への配当も日本企業と違い年に1～2回ではなく、4回やそれ以上という会社が多い。高配当や、連続増配といった会社も多数あります。

米国株投資でも重視するのは、日本株と同じく配当利回りです。かつて購入した日本株では、株価が購入時よりも10分の1になっている銘柄があります。なぜ一流企業の株価が10分の1にまで下がるのか。やはり配当が少ないからだと。一例として、配当を厚くして5％の利回りを出していれば、株価が10分の1になると配当利回りは50％になる。配当利回りが高い株を買えば、株価が大きく下がらないだろうと、日本株では優待を含めた株主還元を重視して投資してきました。

1984年からの投資経験を基にいうと、株価は上がると必ず下がるし、下がると必ず上がる。とくに米国株は、しばらくすると高値を更新するというのが特長ですね。87年のブラックマンデー、2000年代のITバブル崩壊、08年のリーマンショックなどを乗り越えて株価の上昇が続いています。そういった状況も考慮して、まずはベライゾンを選びました。同社株を買ったのは、日本のKDDIに似たような会社だと思ったから。株を買うなら、事業内容を理解できる会社がいいですね。

次に買うならこの5銘柄

ただ、買い増そうと思ったらNYダウ平均株価がどんどん高値を更新する。高値づかみはできるだけ避けたいので、暴落があったときにたくさん買おうと考えています。これまでの経験から、「今買わなきゃ乗り遅れる」と焦って買うと、必ず株価が下がるというのがあります。今はとりあえず1銘柄買って様子を見ている状態です。

今後、買いたい株はコカ・コーラです。伝説の投資家ウォーレン・バフェットさんも保有されています。ほかにはIBMやダウ・ケミカル、(医薬品大手の)メルク、(薬局チェーン展開の)ウォルグリーン・ブーツ・アライアンスなども候補です。

経済学者トマ・ピケティ氏が『21世紀の資本』で主張したように、r(資本収益率)はg(経済成長率)より大きい。世界経済が発展する限り、米国株は魅力的であり続けると思います。

(構成・林　哲矢)

桐谷広人（きりたに・ひろと）

1949年、広島県生まれ。プロ棋士七段。現役時代は「コンピューター桐谷」の異名を取った。84年、東京証券協和会将棋部の師範をしていたことをきっかけに株と出合う。

使えるネット証券の選び方

米国株への投資を考えているものの、言語や時差の壁から取引に不安を覚える人もいるだろう。だがインターネット証券を利用すると、米国の株式市場に上場する個別株やＥＴＦ（上場投資信託）へも日本語で手軽に、低コストで投資できる。２１年８月時点では、ＳＢＩ証券や楽天証券、マネックス証券、欧州銀行系のサクソバンク証券のほか、ＤＭＭ．ｃｏｍ証券、ＰａｙＰａｙ証券などで米国株への投資が可能だ。松井証券も２０２２年２月から米国株の取り扱いを始める予定だ。米国株の取扱銘柄数が多い、ＳＢＩ、楽天、マネックス、サクソバンク４社の特徴を比べてみた。

証券会社によってサービスが変わる　米国株式を扱う主な証券会社

	定期買付サービスや貸株サービスあり SBI証券	取引手数料の1%をポイントバック 楽天証券	配当金再投資サービスや定期買付サービスがある マネックス証券	取引手数料は業界最安水準、配当金再投資（DRIP）サービスあり サクソバンク証券
取扱銘柄数（株式）	4200	4161	3910	5000以上
売買手数料	約定代金の0.495%（税込） 最低手数料 0ドル 上限手数料 22ドル（税込）	約定代金2.22ドル以下 0ドル 同2.22ドル超 4444.45ドル未満 約定代金の0.495%（税込） 同4444.45ドル以上 22ドル（税込）	約定代金の0.495%（税込） 最低手数料 0ドル 上限手数料 22ドル（税込）	取引金額×0.2% （最低5ドル、上限15ドル／1取引当たり）
為替手数料※1	25銭	25銭	買付時：0銭※2 売却時：25銭	片道0.25%
注文受付時間	以下を除く時間帯 （冬時間時の日本時間） 19:00〜19:30ごろ 取引終了時刻〜9:00ごろまで	以下を除く時間帯 （冬時間時の日本時間） 月〜金 6:00〜8:00 土 6:00〜8:00、翌2:30〜3:30、5:00〜5:15 日 翌2:30〜3:30、5:00〜5:15	（冬時間時の日本時間） プレマーケット 22:00〜23:30 立会時間 23:30〜翌6:00 アフターマーケット 翌6:00〜10:00	24時間可能
特定口座での取引	○	○	○	
NISA口座での取引	○	○	○	
アプリ	［米国株アプリ］ 銘柄検索、注文、口座管理ができる	［iSPEED］ 米国株も日本株も取引、口座管理、情報検索ができる	［トレードステーション 米国株 スマートフォン］ レーダースクリーン、チャート分析、チャート発注などの機能がある	［SaxoTraderGo］
特徴	米国株式・ETFの定期買付サービス／米国株貸株サービス／逆指し値注文／米国株専用スクリーニング機能／米ドル決済・円貨決済を選べる	国内株式手数料コースで超割コースを選択すると外国株式取引手数料の1%をポイントバック／同社指定ETFの買付手数料無料	注文方法が多い（逆指し値注文、トレールストップ注文あり）／立会時間外取引ができる／特定のETFの買付手数料を全額キャッシュバック／定期買付サービス／配当金再投資サービス	欧州銀行系オンライン証券会社／米国株の取扱銘柄数は国内最多水準／配当金再投資が手数料無料／取引シグナルやアナリスト予想、チャート分析などの情報・機能が充実

（注）※1 1ドル当たり。※2 2021年8月時点（定期的に見直し）。21年8月18日現在　（出所）各社資料を基に筆者作成

まず米国株を取引するには、証券総合口座に加えて外国株式取引口座を開設することが必要だ。ただし、ＳＢＩや楽天などでは総合口座を開けば、自動で外国株の取引口座も開設される。

税務申告が不要となる特定口座については、ＳＢＩ、楽天、マネックスの３社が利用できる。一方、サクソバンクは利用できないので注意が必要だ。

取引方法は、おおむね日本の株式と同じだ。銘柄を選び、取引数量と取引方法（成り行き、指し値など）、指し値ならば価格を指定して発注する。日本株の取引と異なる点としては、為替手数料が挙げられる。日本円を米ドルに交換したうえでの取引となるため、両替に1ドル当たり片道２５銭（サクソバンクは０・２５％）の為替手数料がかかる。ちなみに、マネックスでは２１年8月時点では、買い付け時の為替手数料が無料だ。証券会社によっては円のまま取引できる会社もあるが、取引のつど為替手数料がかかる点は同じなので注意したい。

売買手数料では、ＳＢＩ、楽天、マネックスとも約定代金の０・４９５％（税込み）、上限手数料は２２ドル（同）などとほぼ横並びだ。ただ、楽天では「超割コース」を選ぶと、取引手数料の1％がポイントバックされる。またサクソバンクは取引金額の0・2％（最低5ドル、上限15ドル）とほか3社より安い。

積立や配当金再投資も

取引方法や注文方法に関しては、各社さまざまなサービスを提供している。

例えば、SBIとマネックスでは、米国株式を定期買い付け（積み立て投資）できる。SBIは、買い付ける株数か金額を指定し、金額指定の場合は外貨決済か円貨決済かを選べる。マネックスは100ドル以上で金額を指定する。どちらも年2回のボーナス月の積み立てができ、NISA口座での定期買い付けも可能だ。

マネックスやサクソバンクでは、指定した銘柄に配当金が出た場合に配当金の金額を上限に自動的に買い付けする「配当金再投資サービス」を提供。サクソバンクの場合には、配当金再投資での買い付けは売買手数料が無料だ。

この2社は注文方法の種類も多い。指し値注文や成り行き注文はもちろん、「指定した金額以上（以下）になったら買い（売り）」などの注文ができる逆指し値注文や、価格変動に合わせて逆指し値注文を自動修正でき、決済注文に便利な「トレーリングストップ（トレールストップ）注文」も使える。

注文可能時間ではサクソバンクが24時間と最も長い。各証券会社とも立会時間外を含めて取引ができるので、突然のニュースや相場変動にも対応しやすい。

先の表にあるように、アプリで気軽に投資できるかも証券会社を選ぶ際にはポイントとなる。

また表にはないが、DMM．com証券、PayPay証券も米国株を扱う。DMM．comは銘柄数が973と先の表にある4社に見劣りするものの、売買手数料は約定金額にかかわらず0円と最も安い。また米国株を日本株での信用取引の担保にできるサービスも特徴だ。

137銘柄を扱うPayPay証券は、1銘柄1000円から好きなタイミングで積み立てができるサービスを提供する。また設定した金額と日付で自動売却する機能もある。なお取引には、直近の気配値や市場価格を参考に算出される基準価額に0・

5％（現地時間9時30分～16時、それ以外は0・7％）のスプレッドを加算（売却時は減算）した取引価格で行われる。

各社のサービス内容などを比較して、自分の取引スタイルに適した証券会社を選ぼう。

（マネーライター・大山弘子）

【強気派】「金利上昇で調整局面も　…　10万ドルの大台も」

武者リサーチ代表・武者陵司

米国株は異常と言っていいほどの強さを見せている。米国株が世界の株式市場を牽引しているのは明らかだ。この株価上昇をバブルと言いたい人がいるのも無理はない。だが、米国株の上昇トレンドは継続し、2030年ごろには、NYダウは10万ドルに乗せる可能性もある。

これまでの株価上昇の主な背景は低金利と株式資本主義だ。FRB（米連邦準備制度理事会）と米国内投資家による米国債の購入で米国の金利は低下している。その結果、企業は資金調達が容易になり、株主還元を積極化し始めた。15年以降の6年間で米国企業の利益は総額6兆ドルだ。これに対し株主還元も6兆ドルと同水準。半分は配当で、半分は自社株買いだ。つまり米国企業は儲けたものをすべて株主に吐き出したことになる。

自社株買いなどの株主還元を続けることによって起こるのが、ROE（自己資本利益率）の上昇である。低金利の下で借金によるレバレッジを高めることで自社株買いが起こり、財務体質は悪化するものの株価が上昇していくという循環が生まれている。

また、株価を上昇させることによって総需要をつくり出そうという、株式資本主義もある。昨今の技術革新によって生産性が高まり、供給力が劇的に伸びている。供給力増加見合いの需要をつくらないとデフレになってしまう。あるいはゼロ金利、マイナス金利に陥ってしまう。この急激な技術革新の下での生産性上昇、イコール供給力の増加に対して、政府が需要をつくり出すことが必要で、需要創造に向けた政策が続くことによって、株価が上昇していく。その礎の1つでもあるのが、中央銀行による低金利政策であり、資産価格の上昇という推進力だ。これが株式資本主義の現実である。

低金利の下で企業は株主還元を積極化できるので、量的金融緩和の縮小（テーパリング）の開始などＦＲＢの金融政策見直しがあれば、株価の調整が引き起こされる可能性がある。ただ、一時鈍化するものの、米国企業の自社株買いの流れに大きな変化はないだろう。また株価も長期的なトレンドの変化ということではなく、行き過ぎた上昇の健全な調整という範囲にとどまるだろう。せいぜい１０～１５％くらいの下落で済むのではないか。

日経平均も10万円に

むしろ今、日本株が大きな転換点に来ているのではないだろうか。最大の理由がドル高と円安だ。金利上昇によるドル高をきっかけに、グローバルな投資環境において米国株の優位性は低下する。また円安によって日本の産業の国際的な価格競争力が高まっており、今まで劣勢だった電子機器や通信機器などで盛り返してくる。

もう１つ、日本の国際競争力を高めるカギとなるのが観光業だ。物価は安く観光資源は極めて魅力的。日本は世界の中でも最大級の観光立国といえる。コロナ禍が収束すれば、これが日本の再活性化を促す可能性が大いにある。
家計の保有資産に占める株式比率が高い米国に比べ、日本は現預金比率が高い。株価上昇トレンドになると、株式市場への巨額の資金流入が起こるマグマを秘めている。30年の先には、日経平均株価10万円もありうるかもしれない。

（構成・加藤光彦）

武者陵司（むしゃ・りょうじ）
1949年生まれ。横浜国立大学経済学部卒業。73年、大和証券入社。米国勤務を経て97年、ドイツ証券入社。2005年副会長。09年から現職。

【慎重派】「市場はバブルを形成中、分散投資で日本株も」

経済評論家・山崎　元

今の米国の株価はやや高い。ただし、バブル形成中であって、まだバブルのピークではないだろう。

２０２０年はコロナ禍に見舞われ、米国株は大きく下げた。ところが金融システムを支えるために、ＦＲＢによる大規模な金融緩和が正当化された。コロナ対策として政府が強力な財政支援にも乗り出したため、金融緩和がさらに効果を発揮し始めた。また政府による家庭への現金給付策などで個人が手元資金を膨らませた結果、一部が投資に向かい株高を演出している。

目先ではＦＲＢの金融緩和見直しで、テーパリング開始が示唆されている。だが、景気の過熱によりＦＲＢが金融引き締めに乗り出さない限り、バブルが終焉に向かうことはしばらくないだろう。つまり形成中のバブルはまだまだ終わらない。

米国では多彩なビジネスが展開されており、新しいビジネスも活発に生まれる。それを取り込みながら成長するという、将来性ある国の株式に投資できることが、米国株の最大の魅力だ。米国は（移民流入で）若者の人口が多く、日本より成長率が高いこともあり、米国企業の業績は総じて好調に推移している。

以前は、ある程度大きくなった企業はそれ以上大きくなりにくいという「収穫逓減の法則」が働いていた。だが、今の米国を担っているＩＴ産業では、大きくなったところがさらに勝ち続ける収穫逓増の構造になっている。

ただし、企業のポテンシャルが十分に株価に反映されており、少し割高なレベルに達しているのも事実といえる。例えばＧＡＦＡに代表されるような主力銘柄は、ＰＥＲ（株価収益率）が３０倍近辺にある。ＰＥＲが２０倍を超えてくると割高といわれる中で、主要銘柄が割高気味であることは否めない。中には５０倍を超える銘柄もあるほどだ。

米国株より日本株

株主本位の経営をしている企業と、株主本位でない旧来型の経営を続けている企業とを比べると、株価に明らかな差がついている。しかし旧来型の企業も経営者が代わる、経営改革に乗り出すなどで株価が上昇する可能性がある。ガバナンスの改善によってもたらされる株価上昇は、「ガバナンスリターン」と呼ぶことができる。

自社株買いでROEを上げてきた米国企業は、ガバナンスリターンを先食いしてきた。一方で、旧来型の経営を続けている日本企業は、ガバナンスリターンを十分に使い切っていない。PERを見ても、東京証券取引所1部上場企業は15倍ほどと、米国市場の20倍より低い。ガバナンスリターンが期待できる日本株には、まだまだ上昇の余地が残されているとの見方もできる。

米国株を薦める人の中には「米国企業は各国で事業を展開しているので、米国企業に投資するだけで国際分散投資ができる」などと主張する人もいる。しかし、米国の機関投資家でさえドル資産からの分散を図り、国外投資でリスクを分散してきた。個人が投資するなら日本株も組み込んで、外国株6、日本株4などの割合で投じるのがよいだろう。1つの資産に集中するのではなく、迷ったら分散投資が鉄則だ。

（構成・加藤光彦）

山崎　元（やまざき・はじめ）

1958年生まれ。東京大学経済学部卒業。楽天証券経済研究所客員研究員。マイベンチマーク代表。資産運用や経済一般などの分野で活躍。

ETFで始める米株投資

初心者が米国株投資を始める場合、まず検討したいのはETFや公募投資信託だ。日本のインターネット証券会社を通じて比較的簡単に買えるようになったとはいえ、米国株の取扱銘柄数は多いところで4000銘柄を優に超える。米国企業には日本にはない業態、ビジネス、新規性があり、個別株にはそこに投資する面白さがあるのは事実だ。だが、自分で個別企業の情報を集めて分析しなければならないという手間がかかる。

その点、専門家が分散投資で運用する公募投資信託や株価指数などに連動して運用されるETFなら、銘柄ごとの細かな分析は必要なく、自分の資産ポートフォリオに米国株投資のパフォーマンスを反映させやすい。

次表のように、米国株式を組み入れて運用される投資信託は3つの種類に分かれる。日本国内で設定・運用される公募投資信託、東証に上場されているETF、そして米国の株式市場に上場されているETFだ。

投資信託、ETFは取引や手数料に違いがある ―投資信託とETFの特徴―

	公募投資信託	東証 上場ETF	米国 上場ETF
最低投資金額	購入窓口、買い付け方法による。積み立てなら毎月100円からも可	数万円。10口単位で1口4000円なら4万円で購入可。投資単位、取引価格は銘柄によって異なる	原則として1株単位で売買発注可能。銘柄にもよるが、数千～数万円程度で投資できる
買い付け手数料	2%程度。ネット証券などでは無料で購入できる例も	株式の委託手数料と同じ。証券会社によって料率に差。ネット証券なら割安	約定代金の0.5%前後。証券会社によって異なる
運用管理費用	0.1～2%前後。ファンドによって異なる。インデックス型は低率	0.1～0.5%前後。ETFによって料率は異なる	0.1～1.0%前後。ETFによって料率は異なる
為替コスト	基本的に円建てなので、表向きの為替手数料はかからない。ただ、各種取引コストに含まれる場合も	基本的に円建てなので、表向きの為替手数料はかからない。ただ、各種取引コストに含まれる場合も	円→ドル、ドル→円に替える際に片道25銭程度の手数料が生じる
取引時間	ネット証券なら常時注文可。ただし、約定は発注した日の市場終値で計算された基準価額に	東京証券取引所の開く時間に準拠	事前に注文を出しておくことは可能。ただし、約定は米国の取引所が開く時間に準拠
価格決定	1日1回。マーケットの終値で基準価額を算出し、適用	市場でついている取引価格。価格は随時変動	現地時間の市場でついている取引価格。価格は随時変動
解約時のコスト	基本的にかからない	株式の委託手数料と同じ。証券会社によって料率に差。ネット証券なら割安	約定代金の0.5%前後。証券会社によって異なる

(出所)各種資料を基に筆者作成

ご存じの方も多いと思うが、ＥＴＦは証券取引所に上場され、個別株と同様にリアルタイムで価格が変動し、随時売買できる投資信託のことだ。基本的にパッシブ運用になり、Ｓ＆Ｐ５００やＮＡＳＤＡＱ１００などのインデックスをベンチマークとして、それに連動する運用成績を目指すのが特徴だ。

これに対して公募投資信託は１日１回しか価格が変わらず、リアルタイムで取引できないため、短期トレードには向かない。また、アクティブ運用のファンドも含まれる。アクティブ運用の場合、運用の巧拙が運用成績の良しあしを分けるので、運用会社をどう選別するかという難題に直面する。

ということで、個別株のような短期トレード目的に限れば、比較的容易に米国株投資をする手段として、ＥＴＦはおすすめできる。

東証上場か米国上場か

では、ＥＴＦに投資するとして、東証上場ＥＴＦと米国上場ＥＴＦのどちらを選んだほうがよいのだろうか。

米国上場ETFの魅力は、連動目標となるベンチマークの豊富さにある。インターネット証券会社の中でも、多くの銘柄を取り扱うマネックス証券の場合、米国上場ETFの取扱銘柄数は、8月20日現在で316銘柄もある。

この中には中国、ブラジルなど米国以外の全世界の株価などをベンチマークにしたものも含まれるので、厳密に米国株式市場をベンチマークとするETFはもっと少ないが、それでも「航空宇宙・防衛・ディフェンスインデックス」や「米国株クオリティ配当成長インデックス」、「NASDAQバイオテクノロジー・インデックス」、「ダウ・ジョーンズ米国不動産指数」など、セクター別、規模別、テーマ別に細分化された個別ETFが多数上場されている。

とはいえ、現実問題として個人がETFを通じて米国株式に投資する際、セクター別、規模別、テーマ別にそれぞれのリスク・リターン特性を見極め、効率的に分散投資できるかどうかと言われれば、これもまた難しい。

もちろん、それが「できる！」と言えるのであれば、さまざまなベンチマークのE

ＴＦに分散投資するのも面白いかもしれないが、おそらく初めて米国株投資にチャレンジしてみようという人にとっては、いささかハードルが高い。

このように消去法的に考えていくと、最後に残るのはＮＹダウやＳ＆Ｐ５００、ＮＡＳＤＡＱ１００など、どちらかというと米国の株式市場全体の値動きを示すベンチマークを連動目標とするＥＴＦの短期取引となる。ここで初めて、東証上場ＥＴＦと米国上場ＥＴＦのどちらを選べばよいのかという話になる。ＮＹダウやＳ＆Ｐ５００、ＮＡＳＤＡＱ１００に連動するＥＴＦなら、東京証券取引所にも上場しているからだ。

両者ともコスト面では大差がないし、取引価格が円建て表示か米ドル建て表示かの違いはあるものの、円建て表示の東証上場ＥＴＦにも為替リスクはある。したがってどちらを選んでも同じ、ということになる。どちらを選ぶかは個人の投資スタンス次第、といってよいだろう。

米国株式市場の上昇に期待して投資するのであれば、大ざっぱな言い方で恐縮だが、東証上場ＥＴＦでも、米国上場ＥＴＦでも、そう大きくは変わらないということだ。

ただ、比較的短期のトレードを前提にするのであれば、米国上場ＥＴＦのほうがよいだろう。取引時間が日本時間の深夜帯になるマイナス点はあるものの、米国市場のリアルタイムでトレードできる。

東証上場ＥＴＦも、東証が開いている時間帯での取引はリアルタイムで可能だが、ここでの価格形成は、厳密に言うと米国の株式市場に連動したものではない。東証の取引時間は、時差の関係で米国の取引所が開いていないので、東証上場の米国株ＥＴＦの取引価格には、あくまでも東京市場における需給が反映される。

純粋に米国株式市場の動向を反映した取引価格でリアルタイムにトレードしたいならば、米国上場ＥＴＦをトレード対象にしたほうがよい。

ちなみに米国上場ＥＴＦを含む外国株式に関しては現状、信用取引は認められていないが、金融庁が公表した内閣府令案によれば、２０２２年までに外国株式の信用取引が解禁される予定となっている。

それが実現すれば、短期トレーダーにとって、ますます米国上場ＥＴＦの投資妙味が高まるだろう。こうした制度改正による使い勝手の改善という点でも、しばらく米国上場ＥＴＦから目が離せなくなりそうだ。

（金融ジャーナリスト・鈴木雅光）

プロが教える米株でのiDeCo、NISA活用法

個人が米国株式を用いた資産形成をする場合、真っ先に思い浮かぶのは長期コツコツ型の積み立て投資だろう。金融庁も個人の資産形成については「長期、積立、分散投資」の有効性を唱えており、米国株式の積み立て投資はその理にかなう。

2014年からスタートした投資の税制優遇措置を活用して、有利な資産形成を、と考える人もいるだろう。一般NISAとつみたてNISA、iDeCoを用いれば、金額面の上限など制約事項はあるものの、運用収益に対して課税されずに済む。ちなみにiDeCoは公募投資信託のみが運用対象になるため、株式と同様の扱いになる東京証券取引所上場ETFや米国上場ETFでの積み立て投資はできない。

また、米国上場ETFに非課税口座で投資するなら、現状では一般NISAのみに

なる。東証上場ETFならつみたてNISAも活用できるが、残念ながら現状、つみたてNISAで買える米国株関連のETFは、S&P500への連動を目指した「上場インデックスファンド米国株式（S&P500）」1本だけだ。

また一般NISAを用いて米国上場ETFを買い付けた場合、運用収益のうち売却益は非課税扱いになるが、分配金は課税される。原則として課税口座を用いた米国株式の配当金に対する課税は、米国でその10%が源泉分離課税された後、日本において20・315%が課税されるが、米国で課税される10%分は、「外国税額控除制度」によって免除される。

ただし、一般NISAの口座で買い付けた米国上場ETFの分配金は、その限りではない。日本で徴収される20・315%については非課税になるが、一般NISAは外国税額控除の適用外になるため、米国側で10%課税されてしまう。つまり米国上場ETFに投資する場合は、運用収益について完全な非課税はありえないことを、まず理解しよう。結局、一般NISA、つみたてNISA、iDeCoのいずれにも対応できるのは、公募投資信託だけになる。

ｉＤｅＣｏ、ＮＩＳＡでコツコツ型の資産形成を前提にするなら、長期保有で投資することになるので、米国上場や東証上場のＥＴＦを用いなくても、公募投資信託で十分だろう。ＥＴＦはリアルタイムで取引価格が動くので、比較的短期のトレードに用いることもできるが、積み立て投資による長期での資産形成は、少額資金で買い続けていくだけなので、あえてＥＴＦを選ぶ必要はない。

■ **iDeCo、NISAで米国投資ができる**
―非課税制度と米国投資―

	公募投資信託	東証上場ETF	米国上場ETF
iDeCo（個人型確定拠出年金）	○	×	×
一般NISA	○	○	○
つみたてNISA	○	○	×

（出所）各種資料を基に筆者作成

低コストで資産形成

「ＥＴＦの方がコスト面で有利」と考える人もいると思うが、ここ数年で新規設定されてきた公募投資信託の中には、パッシブ運用のファンドを中心にして、ＥＴＦと比べても遜色のない程度にローコストなものが増えている。次の一覧表のとおり、運用管理費用（信託報酬など）は年率でおおむね０・１～０・５％程度。中には０・１％を下回るファンドもあるくらいだ。この手のパッシブ運用のファンドに積み立てていけば、極めて低廉なコストで米国株式による資産形成が可能になる。

■ **iDeCo、つみたてNISAともに複数の商品から選べる**

iDeCoで買える主な米国株投資信託

ファンド名	運用スタイル	運用管理費用	過去3年のリターン	純資産額（百万円）
eMAXIS Slim米国株式（S&P500）	パッシブ	0.0968%	17.55%	582,541
楽天・全米株式インデックス・ファンド	パッシブ	0.1620%	17.58%	331,669
iFree NYダウ・インデックス	パッシブ	0.2475%	12.88%	27,798
iFree NEXT NASDAQ100インデックス	パッシブ	0.4950%	*47.08%	33,388
農林中金＜パートナーズ＞長期厳選投資　おおぶね	アクティブ	0.9900%	17.10%	12,272
フィデリティ・米国優良株・ファンド	アクティブ	1.6390%	16.70%	46,238

つみたてNISAで買える主な米国株投資信託

ファンド名	運用スタイル	運用管理費用	過去3年のリターン	純資産額（百万円）
SBI・V・S&P500インデックス・ファンド	パッシブ	0.0938%	*44.05%	288,896
SBI・V・全米株式インデックス・ファンド	パッシブ	0.0938%	―	19,525
eMAXIS Slim米国株式（S&P500）	パッシブ	0.0968%	17.55%	582,541
楽天・全米株式インデックス・ファンド	パッシブ	0.1620%	17.58%	331,669
米国株式インデックス・ファンド	パッシブ	0.4950%	17.23%	11,535
eMAXIS NYダウインデックス	パッシブ	0.6600%	12.38%	24,923
フィデリティ・米国優良株・ファンド	アクティブ	1.6390%	16.70%	46,238

（注）8月20日時点。運用管理費用は信託報酬など。*は過去1年のリターン。純資産額の小さいファンドなどは除いた
（出所）各種資料を基に筆者作成。過去のリターン、純資産額はモーニングスター

投資信託を用いた長期での資産形成の注意点を指摘しておきたい。

第1に、少額資金で積み立て投資を続けたとしても、それほど資産は増えないという現実だ。よく「自分の財布に無理のない範囲で、毎月5000円とか1万円で積み立てましょう」というアドバイスがあるが、例えばつみたてNISAで最長20年間、月1万円で積み立てたとしても、最終的な積立額は元本部分で240万円にしかならない。老後の資産形成が目的なら、240万円ではとても足りない。何年で目標金額を達成するかにもよるが、積み立て投資といえども、ある程度、毎月の積立金額は大きめにする必要がある。

「でも運用するのだから運用益が上乗せされるはず」と言う人もいるが、では毎月1万円ずつ積み立てた資金を年平均5％で運用できたとしたら、20年後にはいくらになるだろうか。405万8000円だ。約1・7倍になるのだから、毎月の積立金額を3万円にすれば1200万円超になる。

ただ、ここでも留意事項がある。投資信託は価格変動リスクのある商品ということだ。

株式投資の期待リターンは7％程度。それを年平均利回りに当てはめ、かつ毎年の収益を再投資するという前提で計算し、「20年後、あるいは30年後にはこれだけ資産が増えています」といったシミュレーションをよく目にするが、株式市場で運用する以上、コンスタントに年7％のリターンを稼ぎ続けるなどというのは、いささか非現実的だ。リーマンショック級の株価急落が起きれば、運用資産は大きく目減りするし、目減りした分を埋めて収益をプラスにするには、ある程度の時間を要する。

誰しも積立期間（＝運用期間）は限られているので、積立期間中に暴落に直面した場合、リカバーし切れなくなる事態も起こりうる。シミュレーションの数字を見て「老後は安心だ」などと、くれぐれも勘違いしないことが肝心だ。

（金融ジャーナリスト・鈴木雅光）

失敗乗り越え、長期保有で資産を形成

億り人流、米国株投資の心得

米株投資で億の財産を築いた二人の投資家に秘訣と注意点を聞いた。

「短期取引で一儲けしてみようという考えはダメ。長期で資産を増やそうというスタンスで、米国株には向き合うべき」。そう語るのは3・5億円の資産を運用するTさんだ。運用資産の7割を米国株に振り向ける。「初めて米国株を買ったのは1995年。アップル株でした」と話すなど、米国株投資歴は27年に上る。

アップル株はタイミングを見ながら売買を繰り返し、手元にある株は約15年前に購入した分。当時は2ドル台で今や140ドル台後半だ。フェイスブック（FB）もIPO（新規株式公開）直後に30ドル前後で買い、今は370ドル台にまで上昇。

まさに「テンバガー（株価が購入時比で10倍に跳ね上がる銘柄のこと）」で資産を形成してきた。

アップル、FBに代表されるような、長期保有でリターンを狙う「バイ&ホールド」を徹底する。「決算がいいなら、株価が購入時より50%下がっても売りません。会社が成長すれば株価は自然と上がっていきます。そういった利益を株主として享受するためには、長期保有しないと」。

そんなTさんが注目する主な銘柄は以下の7つだ。

①オクタ（OKTA）クラウドのID管理サービスで先駆
②スノーフレーク（SNOW）クラウド活用のデータプラットフォーム
③ドキュサイン（DOCU）クラウドでの電子署名サービス。ペーパーレスが追い風
④パランティアテクノロジーズ（PLTR）ビッグデータの分析。米軍、米国防総省、FBI、CIAと取引
⑤ペイパル（PYPL）電子決済サービス大手。取引手数料が収益柱

⑥マスターカード（MA）世界2位のクレジットカード会社。VISAを猛追
⑦ロク（ROKU）テレビ配信プラットフォーム。視聴時間ベースで米国最大
注・（）内は「ティッカーシンボル」

例えばドキュサインはリモートワークの拡大で電子署名サービスの普及が見込まれる。20年9月に上場したパランティアテクノロジーズはピーター・ティール（電子決済大手ペイパルの創業者で、FBに初期に投資）が共同設立者である。

これから米国株を始める人への助言を聞くと次の3点を挙げた。①大型株で黒字化している会社を買う、②カントリーリスクに注意、③値幅制限がない点を覚悟、だ。①については「赤字の会社は倒産リスクがあり、株券が最悪ゼロになる可能性がある」。Tさんも実際に痛い目に遭った経験を持つ。②は米国外の企業にとくに気をつけたい。米株式市場には中国をはじめ外国企業も上場している。米中貿易摩擦のようなリスクにさらされれば外国企業の株価は急落する可能性がある。また③については、「米株はストップ安がないので、1日で株価が半値になることもある」ためだ。

Tさんの運用資産のうち日本株が占める割合は1割だけ。「1989年につけた日経平均株価の最高値をいまだに超えられていない。長期保有すると損すると示しているようなもの」と手厳しい。「米国は今後も成長する国。そこらの新興国じゃ米国の伸びには勝てない。5年持つ気があれば、成長株を発掘できます」。

（林　哲矢）

大手金融機関に勤めながら米国株を中心に取引。2019年に目標だった資産1億円を築き早期リタイアしたのは、エルさん（ハンドルネーム）だ。

初めて米国株に投資したのは、2005年のアマゾン・ドットコム。「当時は赤字経営でしたが、サービスを使ってみると便利で伸びる会社だと思った」。ただその時点では、あくまでも日本株の投資がメイン。ネット証券で米国株の取り扱いが本格化した15年以降に、軸足を日本株から米国株にシフトした。

最大の理由は、両者の値動きの違い。エルさんが約30年前に株式投資を始めて以来、日本株はボックス圏を上下するような値動きが多く、ダイナミックな上昇を捉えるのは難しかった。

対して米国株はＧＡＦＡをはじめとした巨大企業が増収増益を続けていて、企業業績と株価の上昇も連動しやすい。わかりやすい銘柄で長期投資がしやすかったという。

「もともとは２０年に資産１億円超を築く計画でしたが、前倒しでできたのは米国株投資のおかげです」と振り返る。

投資スタイルは「バイ＆ホールド」の長期投資で、銘柄選びでは６つのルールを重視する。

エル流の銘柄選びのルール

✓	ルール	解説
1	自分がよく知っている製品・サービスを扱っている	売り買いのタイミングが把握しやすい
2	ポピュラーな企業で情報が入手しやすい	主要企業なら日本語でも情報が得られる
3	高い収益性・競争力がある	収益性は売上高営業利益率で判断
4	成長性が高い	売上高が年々上がっているか
5	10年以上にわたり、増配した実績がある	10年以上増配なら、今後の増配可能性も高い
6	売上高営業キャッシュフロー比率が20%以上ある	いざというときに頼りになる現金をどれだけ持つか

(出所)『【エル式】米国株投資で1億円』、取材を基に東洋経済作成

ポピュラーでありながら成長性と収益性を秘めた銘柄への投資がメインだ。大手企業の情報は日本でも入手しやすく、売り買いのタイミングも計りやすい。収益性は「売上高営業利益率」などの指標、競争力は「ブランド力」から判断している。「お薦めの10銘柄」（①ビザ、②ナイキ、③コストコ・ホールセール、④ロッキード・マーチン、⑤マコーミック、⑥ホーム・デポ、⑦ユニオン・パシフィック、⑧ユナイテッドヘルス・グループ、⑨ダナハー、⑩チャーチ・アンド・ドワイト）にクレジットカード最大手のビザ、世界トップのスポーツ用品メーカーのナイキなどが入っているのはそのためだ。

過去の投資には失敗もあった。かつて、高配当のたばこ銘柄に偏重した時期があったが、世界的なＳＤＧｓ（持続可能な開発目標）の風潮があり、機関投資家を中心にたばこ銘柄を敬遠する動きに巻き込まれた。「フィリップモリスだけで８００万円近く損失を計上した。こういった経験もあり、今は買値から2桁%値下がりすると損切りを心がけています」。今は生活必需品や一般消費財・サービス、ヘルスケアなど、景気変動の影響を受けにくい業種への分散投資も心がけている。

今後についても、「米企業には資金力やテクノロジーがあり、世界中から人材が集まる。その状況が続く限り、スタンスを変えずに資産を増やしたい」という。

（ライター・大正谷成晴）

株価は経済指標で動く

「この日の米株式市場では雇用統計が市場予想を上回る改善となったことを好感し、ダウ平均株価が最高値を更新した」――。これは2021年8月上旬に実際あったニュースだが、米国の株価は雇用統計のような経済指標を材料に動くことは多い。では、とくに押さえておくべき経済指標は何か。

■市場関係者が注目する米国の経済指標一覧

分野	指標	発表元
景気総合	GDP統計（毎四半期） 実質GDP成長率	商務省
	景気先行指数	コンファレンスボード社
	シカゴ連銀全米活動指数	シカゴ連銀
雇用	新規失業保険申請件数（毎週）	労働省
	ADP雇用統計	ADP社
	チャレンジャー人員削減数	チャレンジャーG&C社
	雇用統計 失業率、平均時給、 非農業部門雇用者数	労働省
	労働生産性、 単位労働コスト（毎四半期）	労働省
	雇用コスト指数（毎四半期）	労働省
個人消費	**新車販売台数**	主要各社
	小売売上高	商務省
	個人所得、個人消費支出、**貯蓄率**	商務省
	ミシガン大学消費者信頼感指数	ミシガン大学
	消費者信頼感指数	コンファレンスボード社
企業景況感	**ニューヨーク連銀製造業景況感指数**	ニューヨーク連銀
	フィラデルフィア連銀 製造業景況感指数	フィラデルフィア連銀
	購買担当者景気指数（PMI）	IHSマークイット社
	シカゴ購買部協会景気指数	シカゴ購買部協会
	ISM製造業景況感指数 ISM非製造業景況感指数	米供給管理協会（ISM）
生産・受注	**鉱工業生産指数、設備稼働率**	FRB
	耐久財受注、非国防資本財受注	商務省
	製造業受注	商務省
	企業在庫	商務省
住宅・建設	**NAHB住宅市場指数（景況感）**	全米住宅建設業協会（NAHB）
	住宅着工件数、建設許可件数	商務省
	中古住宅販売件数、販売価格	全米不動産協会（NAR）
	新築住宅販売件数、販売価格	商務省
	建設支出	商務省
	S&Pケース・シラー住宅価格指数	S&Pダウ・ジョーンズ社
	FHFA住宅価格指数	連邦住宅金融局（FHFA）
物価	消費者物価指数（CPI）	労働省
	個人消費支出（PCE）価格指数	商務省
	生産者物価指数（PPI）	労働省
	輸入物価、輸出物価	労働省
金融政策	FOMC（年8回、3週間後に議事録公表）	FRB
	FRB議長会見・議会証言・講演	FRB
	FRB理事・地区連銀総裁講演	FRB、地区連銀
貿易・財政	**貿易収支**	商務省
	財政収支	財務省
マネーフロー	**対米証券投資（国際資本統計）**	財務省
	MMF残高	投資信託協会（ICI）

（注）注目度が比較的高い指標を赤字、最も高い指標を赤地色入りで表記

株価を動かす最大の要因は企業業績だ。業績がよくなれば配当や自社株買いを行う余裕が増え、株の魅力は増す。業績は、景気がよくなれば好転しやすい。そのため、総合的な景気動向を示す**GDP（国内総生産）統計**はまず基本的に重要だ。実質GDP成長率が上向けば、相場の上昇要因となる。どの指標でもそうだが、数字が市場予想よりも良好であるほど、株価にプラスとなることが多い。

ただし、GDP統計は年に4回、四半期ごとの発表。4〜6月期の速報値は7月下旬に発表される。そのため、月次の統計に比べ、発表の頻度や速報性に難点がある。

FRBが注視する雇用

月次統計で最も注目度の高いものの1つが、毎月第1金曜日に発表される**雇用統計**だ。米GDPの約7割を占めるのが個人消費であり、個人消費は雇用情勢に大きく左右されるためだ。とくに失業率、非農業部門雇用者数が重視される。

「個人消費で圧倒的存在感を持つ自動車販売台数も、雇用統計から方向性が予想できる」と第一生命経済研究所の藤代宏一・主任エコノミストは話す。賃金については、雇用者数、週平均労働時間、時間当たり賃金を掛け合わせた総賃金で見ることが重要。また、毎週発表される**新規失業保険申請件数**は失業率などの先行指標となる。

雇用統計は金融政策にも大きな影響を与える。金融政策を担う米連邦準備制度理事会（FRB）は「雇用の最大化」と「物価の安定」を法的な使命としているためだ。金融政策は市場金利や企業の借入金利を動かし、景気や業績に影響を及ぼす。そのため、金融政策を決める**米連邦公開市場委員会（FOMC）の声明文とFRB議長の発言**はつねに注視の対象となる。

物価については**消費者物価指数（CPI）**と**個人消費支出（PCE）価格指数**が主に参照される。「ここ最近、物価指標に対する株式市場の注目度はいつも以上に高まっている」と東海東京調査センターの長田清英・チーフストラテジストは話す。食料・エネルギーを除くコアベースでもCPIの前年同月比伸び率が4％台まで高騰したためだ。平均インフレ率2％を目標とするFRBは一過性の高騰とみるが、「当初の想定ほど簡単には下がりそうにない、という印象も強まっている」（長田氏）。

もし高インフレが長引き、量的緩和の規模縮小（テーパリング）や利上げ開始の前倒し観測が高まれば、株価の下押し要因となりうる。藤代氏は、「ＣＰＩで比重の大きい家賃に今後、住宅価格の高騰が反映されていく。労働コストの上昇とともに持続的なインフレ要因として要注意」とみる。一方で、デルタ株の感染拡大で景気鈍化懸念も高まっており、最高値圏の株価の先行きには暗雲も漂う。

個人消費の指標としては、**小売売上高**や**個人消費支出**が重要。前者は対象が自動車や衣料などのモノにほぼ限られるが、後者は医療や旅行などのサービスも含まれる。また、アンケートを基に消費者心理を数値化する**消費者信頼感指数**も見逃せない。「ミシガン大学の指数はサンプル数が少なくブレは大きいが、速報値を出す分、市場へのインパクトはある」（長田氏）。

企業景況感の指数も関心は高い。中でも重視されるのが、月初発表の**ＩＳＭ製造業景況感指数**。企業の購買担当者に受注や雇用などを前月比で聞いて算出するもので、５０ポイントが好不況の分岐点となる。非製造業の指数も重要だが、製造業指数のほうが早く発表され、株価との連動性も高い。「サービス業に比べて製造業はＧＤＰでの比重が小さいが、より変動が大きいので方向感が出やすい」(藤代氏)。

企業関連では**耐久財受注**も注目度が高い。とくに航空機を除く非国防資本財（コア資本財）の受注は設備投資の先行指標として重視される。株価は景気や業績を先取りするため、先行性の強い指標ほど株価の連動性も高まりやすい。

■ 雇用改善とインフレ沈静化がカギ

―米国の失業率とコアCPI―

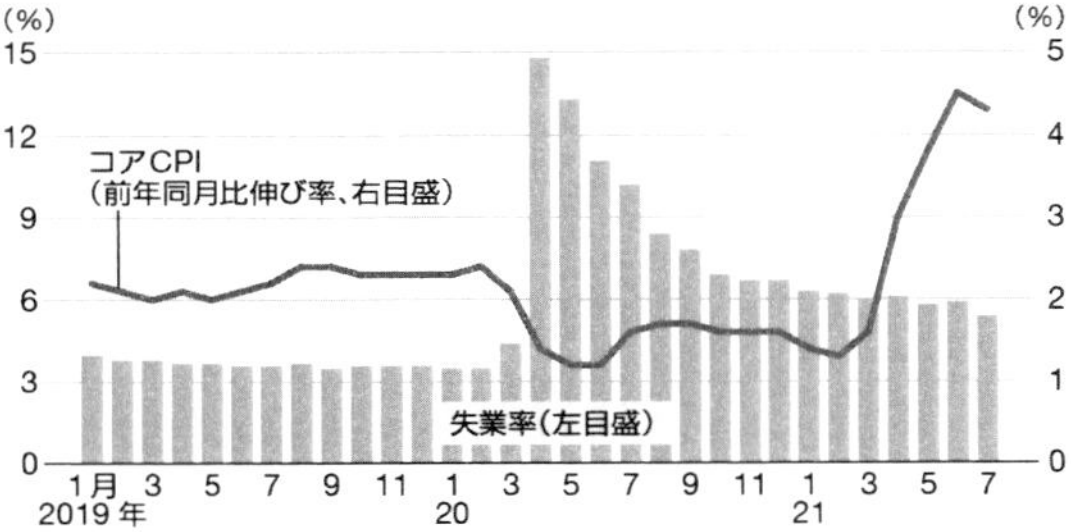

(注)コアCPIは食料・エネルギーを除く消費者物価指数　(出所)米労働省

■ ISM景況感指数は株価との連動性が高い

―ISM製造業景況感指数とS&P500の伸び率―

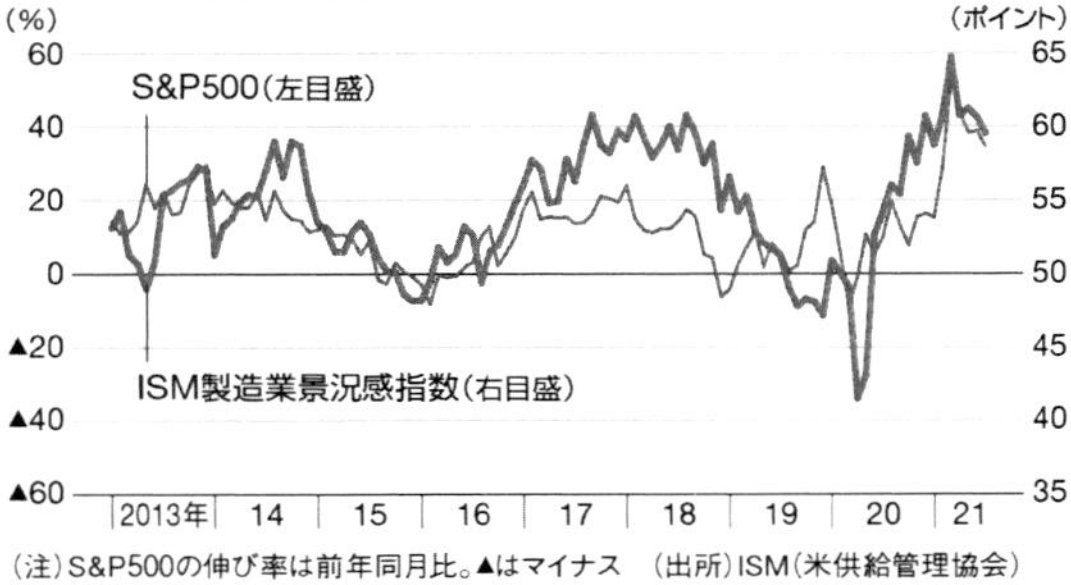

(注)S&P500の伸び率は前年同月比。▲はマイナス　(出所)ISM(米供給管理協会)

もちろん、株価を動かす材料はマクロの経済指標だけではない。各企業の決算などミクロの情報も重要だ。目下焦点の税財政論議やFRB議長の再任問題、さらには大統領選挙や米中対立など政治要因も大きい。これらが複雑に絡み合いながら、株式相場が形成されていくことになる。

（中村　稔）

次のGAFA株の見つけ方

『米国会社四季報』（東洋経済刊）は、米国株投資に興味があるけれど情報が少なく困っているという投資家の要望に応えて、2014年に創刊した。15年からは4月（春夏号）、10月（秋冬号）と年2回発売している。投資家のバイブル『会社四季報』の体裁に倣い、豊富な財務情報などを読みやすいようにレイアウトしている。

データは、世界の機関投資家に金融情報を発信する米S&Pグローバルから提供を受けているほか、編集部が一部を独自に収集、編集している。掲載銘柄は米国市場に上場している企業のうち700以上で、大型株を中心に注目の新興銘柄も含んでいる。

『米国会社四季報』をどのように米国株投資に生かせばよいのか。活用方法を紹介したい。

一口に投資といっても銘柄選別時の着眼点はさまざまだ。高成長株、高配当株、成長性と配当のバランスがよい株、割安株、海外の有力株を好む人もいるだろう。具体的に米国の銘柄を挙げると、成長性ではテスラ、アマゾン、ズーム・ビデオ。最近では新型コロナウイルスワクチンを開発したモデルナがこのグループに入る。脱炭素、在宅勤務、コロナ対策など需要増を取り込む米国企業は力強い。こういった銘柄は、業績が好調なときは株価の上昇に勢いがある。ただし、期待を裏切ると株価が反落するタイミングが早く、見直されるまで時間がかかるというマイナス面もある。

一方で高配当ではコカ・コーラ、フィリップ・モリス。バランスではアップルやマイクロソフトが代表例だ。高配当銘柄は株主還元が積極的な米国では粒ぞろいだ。株価の上昇は成長株に比べれば緩やかだが、下落も激しくないため長期投資に向いている。割安株はボーイング、ゼネラル・エレクトリックなどが該当するだろう。新型コロナの感染拡大で需要減を強いられたが、ワクチン接種が広がり経済が回復すれば、株価も大きなリバウンドが期待できる。

2021年春夏号のテーマは「コロナ後を見据える米国株」

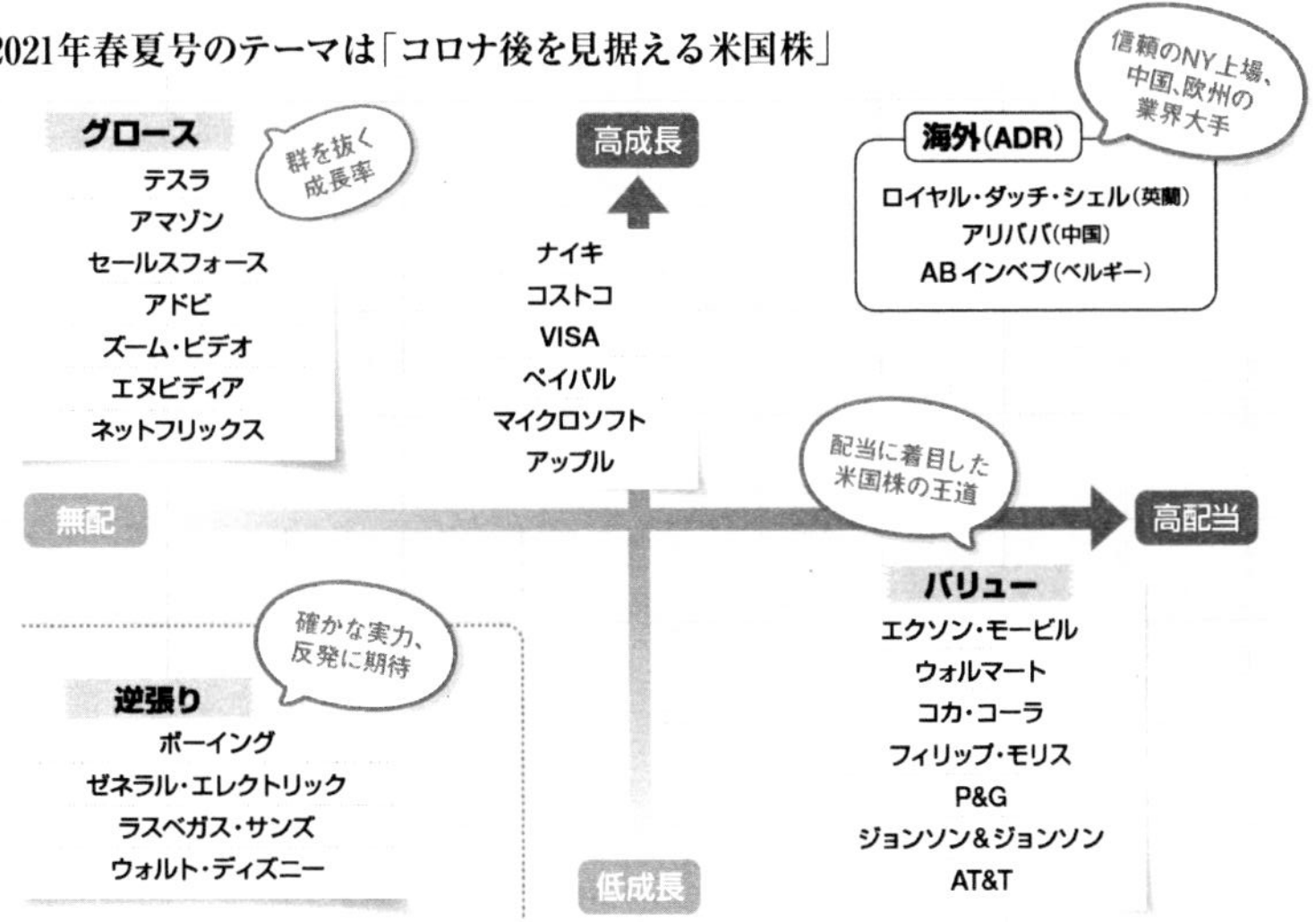

グロース
テスラ
アマゾン
セールスフォース
アドビ
ズーム・ビデオ
エヌビディア
ネットフリックス
群を抜く成長率
高成長
ナイキ
コストコ
VISA
ペイパル
マイクロソフト
アップル
海外(ADR)
ロイヤル・ダッチ・シェル(英蘭)
アリババ(中国)
ABインベブ(ベルギー)
信頼のNY上場、中国、欧州の業界大手
無配
高配当
配当に着目した米国株の王道
確かな実力、反発に期待
逆張り
ボーイング
ゼネラル・エレクトリック
ラスベガス・サンズ
ウォルト・ディズニー
バリュー
エクソン・モービル
ウォルマート
コカ・コーラ
フィリップ・モリス
P&G
ジョンソン&ジョンソン
AT&T
低成長

こういったお宝銘柄を発掘するために『米国会社四季報』をどのように活用したらよいのだろうか。

まず実際の誌面を参照しながら見ていこう。

誌面での掲載項目

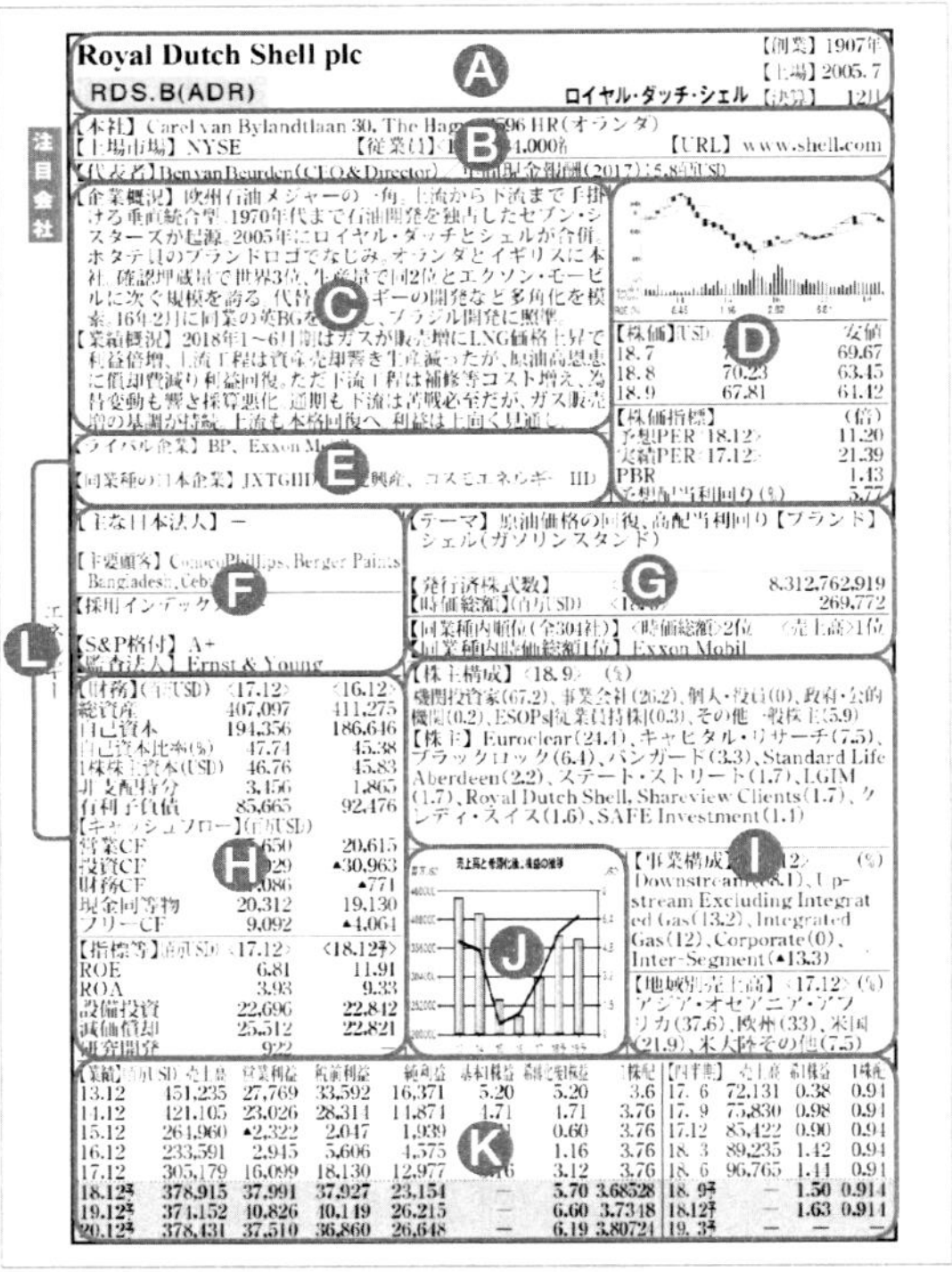

Royal Dutch Shell plc

RDS.B(ADR)

ロイヤル・ダッチ・シェル

【創業】1907年 【上場】2005.7 【決算】12月

A B C D E F G H I J K L

【本社】Carel van Bylandtlaan 30, The Hague 2596 HR(オランダ)

【上場市場】NYSE 【従業員】84,000名 【URL】www.shell.com

【代表者】Ben van Beurden(CEO&Director)

注目会社

【企業概況】欧州石油メジャーの一角。上流から下流まで手掛ける垂直統合型。1970年代まで石油開発を独占したセブン・シスターズが起源。2005年にロイヤル・ダッチとシェルが合併。ホタテ貝のブランドロゴでなじみ。オランダとイギリスに本社。確認埋蔵量で世界3位、生産量で同2位とエクソン・モービルに次ぐ規模を誇る。代替エネルギーの開発など多角化を模索。16年2月に同業の英BGを買収し、ブラジル開発に照準。

【業績概況】2018年1～6月期はガスが販売増にLNG価格上昇で利益倍増。上流工程は資産売却響き生産減ったが、原油高恩恵に償却費減り利益回復。ただ下流工程は補修等コスト増え、為替変動も響き採算悪化。通期も下流は苦戦必至だが、ガス販売増の基調が持続。上流も本格回復へ。利益は上向く見通し。

【株価】(USD) 安値
18.7 69.67
18.8 70.23 63.45
18.9 67.81 64.12

【株価指標】(倍)
予想PER〈18.12〉 11.20
実績PER〈17.12〉 21.39
PBR 1.43
予想配当利回り(%) 5.77

【ライバル企業】BP、Exxon Mobil

【同業種の日本企業】JXTGHD、出光興産、コスモエネルギーHD

【主な日本法人】ー

【主要顧客】ConocoPhillips, Berger Paints Bangladesh, Cebu

【採用インデックス】

【S&P格付】A+

【監査法人】Ernst & Young

【テーマ】原油価格の回復、高配当利回り【ブランド】シェル(ガソリンスタンド)

【発行済株式数】 8,312,762,919

【時価総額】(百万USD) 269,772

【同業種内順位(全304社)】〈時価総額〉2位 〈売上高〉1位

【同業種内時価総額1位】Exxon Mobil

【財務】(百万USD)	〈17.12〉	〈16.12〉
総資産	407,097	411,275
自己資本	194,356	186,646
自己資本比率(%)	47.74	45.38
1株株主資本(USD)	46.76	45.83
非支配持分	3,456	1,865
有利子負債	85,665	92,476
【キャッシュフロー】(百万USD)		
営業CF		20,615
投資CF		▲30,963
財務CF		▲771
現金同等物	20,312	19,130
フリーCF	9,092	▲4,064
【指標等】(百万USD)	〈17.12〉	〈18.12予〉
ROE	6.81	11.91
ROA	3.93	9.33
設備投資	22,696	22,842
減価償却	25,512	22,821
研究開発	922	—

【株主構成】〈18.9〉(%)
機関投資家(67.2)、事業会社(26.2)、個人・役員(0)、政府・公的機関(0.2)、ESOPs(従業員持株)(0.3)、その他一般株主(5.9)

【株主】Euroclear(24.4)、キャピタル・リサーチ(7.5)、ブラックロック(6.4)、バンガード(3.3)、Standard Life Aberdeen(2.2)、ステート・ストリート(1.7)、LGIM(1.7)、Royal Dutch Shell, Shareview Clients(1.7)、クレディ・スイス(1.6)、SAFE Investment(1.1)

売上高と売上総利益、利益の推移

【事業構成】〈17.12〉(%)
Downstream(78.1)、Upstream Excluding Integrated Gas(13.2)、Integrated Gas(12)、Corporate(0)、Inter-Segment(▲13.3)

【地域別売上高】〈17.12〉(%)
アジア・オセアニア・アフリカ(37.6)、欧州(33)、米国(21.9)、米大陸その他(7.5)

【業績】(百万USD)	売上高	営業利益	税前利益	純利益	基本1株益	希薄化1株益	1株配
13.12	451,235	27,769	33,592	16,371	5.20	5.20	3.6
14.12	421,105	23,026	28,314	14,874	4.71	4.71	3.76
15.12	264,960	▲2,322	2,047	1,939		0.60	3.76
16.12	233,591	2,945	5,606	4,575		1.16	3.76
17.12	305,179	16,099	18,130	12,977		3.12	3.76
18.12予	378,915	37,991	37,927	23,154	—	5.70	3.68528
19.12予	374,152	40,826	40,119	26,215	—	6.60	3.73348
20.12予	378,431	37,510	36,860	26,648	—	6.19	3.80724

【四半期】	売上高	希1株益	1株配
17. 6	72,131	0.38	0.94
17. 9	75,830	0.98	0.94
17.12	85,422	0.90	0.94
18. 3	89,235	1.42	0.94
18. 6	96,765	1.44	0.94
18. 9予	—	1.50	0.914
18.12予	—	1.63	0.914
19. 3予	—	—	—

A欄は社名・ティッカーコードなど基礎情報を掲載している。ティッカーは日本でいえば証券コードに当たり、株式の注文など銘柄を特定するときによく使われる。B欄は所在地・上場市場・代表者などで、C欄は企業概況・業績概況だ。企業概況は事業内容や事業規模、事業展開など各社の特色を記載している。

D欄は株価チャートだ。直近5年分の株価と移動平均線、出来高を掲載。直近3カ月の高値と安値でフシ目となる株価を確認することができる。また株価指標欄には、PER（株価収益率）、PBR（株価純資産倍率）、予想配当利回りを載せている。いずれも割安度を判断する代表的な株価指標だ。

E欄はライバル企業と同業種の日本企業。F欄は主な日本法人、採用インデックスなど。G欄は発行済株式数、時価総額、同業種内順位で、どのぐらいの規模かを確認できる。また同欄内の市場テーマやブランドで、どういった企業・銘柄なのかも把握できる。

H欄は財務、キャッシュフロー指標となる。財務は総資産、自己資本比率、1株株主資本などだ。I欄は株主、事業構成で、地域別売上高も掲載している。

Ｊ欄とＫ欄は業績だ。Ｊ欄では業績のトレンドが一目でわかるように売上高を棒グラフ、１株益を折れ線グラフで示している。Ｋ欄では左から順番に売上高、営業利益、税前利益、純利益、１株益、１株当たり配当を掲載している。業績予想はＳ＆Ｐグローバルのアナリストコンセンサス予想だ。

成長株はこう見つける

このように『米国会社四季報』は個別銘柄のファンダメンタル情報を豊富に掲載している。これらの情報を活用して、成長株を発掘してみよう。

まずＫ欄の業績を見てみよう。左側の売上高の推移を見て、増収率に勢いがあるかを確かめよう。また毎号、最新の増収率ランキングも掲載しているため、併せて活用してほしい。ただ、増収が続いても利益は赤字という銘柄も多い。そのため、Ｈ欄でキャッシュフローや財務が健全かをチェックしたほうがよいだろう。

一方で割安株を発掘する場合には、Ｋ欄を右側から見てみよう。毎年増配をしているか、1株益が着実に増えそうかをチェックすることが重要だ。D欄の株価指標を重視する方法もよいだろう。

また一例として、I欄でバークシャー・ハサウェイが大株主かもヒントになる。同社は割安株投資の名手であるウォーレン・バフェット氏が率いている。バークシャーが大株主の銘柄は、「バフェット銘柄」とも呼ばれる。

コロナで需要が落ち込んだものの、実力はあるので反発が期待できる銘柄もある。C欄の記述やK欄の業績予想を確認しよう。

『米国会社四季報』を使えば成長株、高配当株、割安株などを効率的に見つけられる。ぜひご自身に合った銘柄を発掘してほしい。

(『米国会社四季報』編集長・山谷明良)

『株式ウイークリー』編集長が厳選

『米国会社四季報』で選ぶ有望銘柄

会員制投資情報誌の『株式ウイークリー』では『会社四季報』の最新予想やチャートから、日本市場に上場する株式、ＥＴＦ（上場投資信託）など毎週6銘柄に注目している。月に一度、「米国市場を斬る」と題して、米国市場の上場銘柄も紹介している。

日本株でも米国株でも有望銘柄には共通点がある。株価の値上がりが続いていることと、業績が上向きで勢いがよいことだ。投資家のバイブル『会社四季報』で探す場合は、①チャートの形がよい、②業績予想数字がよい（増益基調）、③表現に勢いがある（絶好調、最高益など）といったところか。

『米国会社四季報』は、優良大型企業（S&P100採用）、大型ＩＰＯ（新規株式公開）銘柄、成長期待の大きいベンチャー企業の中から、編集部が選んだ「注目企業」

を1社1ページで収録。誌面や収録項目を日本株の『会社四季報』に近づけている。本文の【業績概況】に業績動向が記述されており、グラフ「売上高と希薄化後1株益の推移」を見れば業績予想の勢いも一目でわかる。

ここでは、2021年春夏号から、直近株価のチャートなどを考慮し、前述の三拍子がそろっている銘柄を6社選んでみた。

アクセンチュア　ACN

［同業種の主な日本企業］アビームコンサルティング

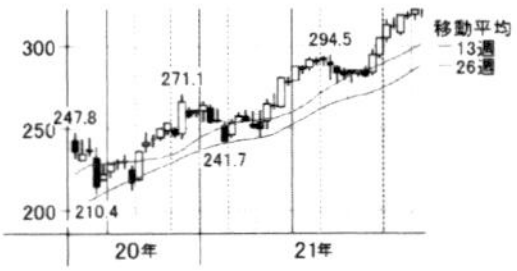

株価
333.23ドル

増収率
13.98%

増益率
17.78%

配当利回り
1.10%

企業向けのコンサルティングとIT関連の受託業務が柱。120カ国以上で事業、収益は主に米国

エマソン・エレクトリック　EMR

［同業種の主な日本企業］東芝、日立製作所、日本電産

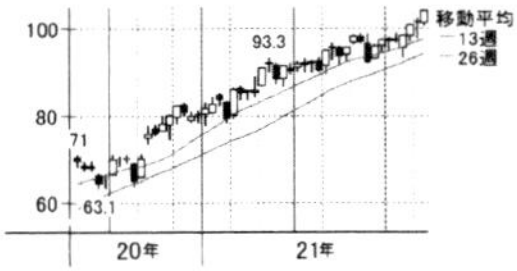

株価
104.14ドル

増収率
9.66%

増益率
18.03%

配当利回り
1.90%

電子・電気機器の複合企業体。主力は計測・測定分野。冷凍空調制御が第2の事業柱

マイクロソフト　MSFT

［同業種の主な日本企業］富士通、日立製作所、NEC

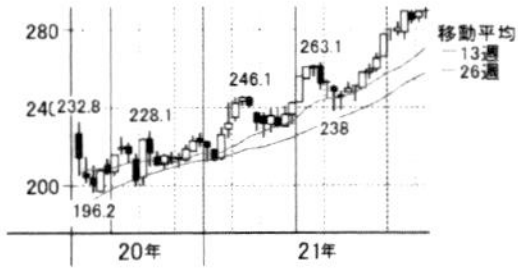

株価
299.09ドル

増収率
13.90%

増益率
10.30%

配当利回り
0.70%

PC用OSなどを展開。2016年にSNSのリンクトイン買収。21年1月に自動運転でGMと共同投資

（注）株価と予想は8月26日時点。増収率、増益率は今期予想、増益率は1株当たり利益（EPS）。配当利回りは前期実績。アルファベットは無配当　（出所）S&Pグローバル・マーケット・インテリジェンスのデータを基に東洋経済作成

アルファベット　GOOG.L

［同業種の主な日本企業］Zホールディングス

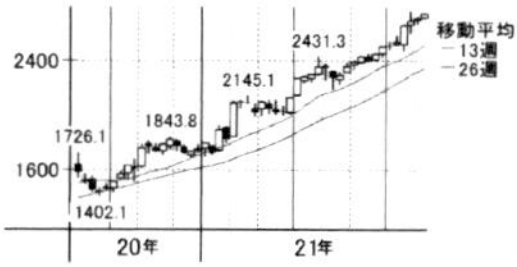

株価	2828.81ドル
増収率	37.16%
増益率	70.70%
配当利回り	—

インターネット検索の世界首位。クラウド、自動運転など事業育成。広告寡占化にリスク

コムキャスト　CMCSA

［同業種の主な日本企業］JCOM、WOWOW

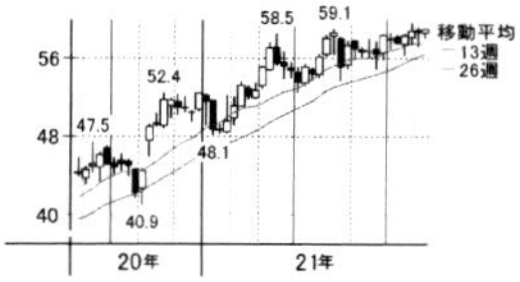

株価	59.00ドル
増収率	11.13%
増益率	18.86%
配当利回り	1.70%

ケーブルテレビ最大手。ケーブルテレビ局と地上波局を持つNBCユニバーサルなどが主力事業

ユナイテッドヘルス・グループ　UNH

［同業種の主な日本企業］第一生命保険、ライフネット生命保険

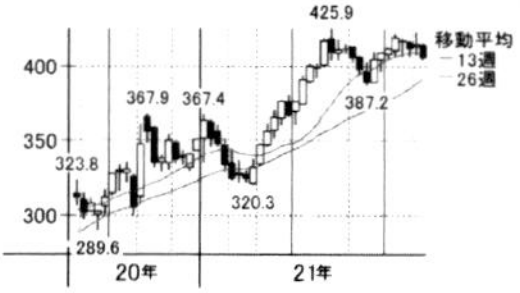

株価	416.85ドル
増収率	10.31%
増益率	10.97%
配当利回り	1.40%

医療保険最大手。企業、政府、個人向けに提供。医療技術サービス会社の買収にも積極的

日本でもおなじみ

アクセンチュアは日本でもビジネスを行っている、世界最大級のコンサルティング会社だ。企業向けのコンサルティングとＩＴ関連受託が2本柱で、120カ国以上で事業を展開している。前21年8月期は受託業務が好調。コンサルの回復もあり連続増益見込み。今22年8月期も収益続伸予想だ。株価はほぼ右肩上がりで、コロナ禍で全体安となった20年3月の安値137・15ドルから戻して以降は26週移動平均線を下支えに上昇して、上場来高値を更新中。

アルファベットはグーグルを傘下に持つネット検索の世界首位。動画配信のＹｏｕＴｕｂｅに加え、モバイルＯＳ（基本ソフト）のアンドロイドも提供する。クラウドや自動運転なども育成中だ。2021年12月期は検索や動画が牽引して広告が安定増、連続増益。株価も基本的に右肩上がりで、20年3月安値1008・87ドルから反発して以降は上昇ピッチを上げている。

エマソン・エレクトリックは電子・電気機器メーカーを抱える複合企業。主力は計測・測定分野で、計測機器やプロセス制御機器、制御バルブなどを産業向けに供給する。冷凍空調制御分野が第2の柱で、冷凍用空調圧縮機、自動制御機器から消費者向け工具まで幅広く手がける。64年連続増配。今21年9月期は冷凍空調制御が2桁増で牽引して、営業益底打ち。株価は18年から2年ほどボックス相場を続けた後、20年3月安値38ドルで底打ちして、反転上昇トレンドに入った。上場来高値を更新中。

業界トップに照準

コムキャストはケーブルテレビで米国最大手。テレビ3大ネットワークの1つが映画会社と経営統合したNBCユニバーサル、18年に買収した英放送ネットワークのSkyが柱。アニメのドリームワークスや、テーマパークのユニバーサル・スタジオも持つ。今21年12月期は映画やテーマパークが回復基調。高速通信の需要回復で収益反発を見込む。株価は1990年代後半に上昇したが、2000年代は20ドルを超えられずに推移。12年に20ドルを超えてから上昇トレンドに。20年1月に47・74ドルまで上昇して同3月安値34・38ドルまで下押しされたが、上昇基調に回帰して上場来高値を更新中。

マイクロソフトはパソコン用ＯＳのウィンドウズでおなじみ、世界有数のソフトウェア開発会社。業務用ソフトのオフィスでも世界首位。家庭用ゲーム機Ｘｂｏｘや小型端末Ｓｕｒｆａｃｅも手がける。クラウドサービスが成長を牽引している。今22年6月期もクラウドが牽引し収益続伸へ。株価はＩＴバブル後の調整が06年に底入れ。上場来高値を更新中。

ユナイテッドヘルス・グループは医療保険最大手で、医療情報サービス提供のオプタム社を傘下に持つ。Ｍ＆Ａ（合併・買収）で業容拡大中。今21年12月期は医療保険と医療管理が堅調。費用増で増益幅は鈍化見通しだが、上期（21年1～6月期）は市場予想を上回る着地。株価は18年12月高値287・94ドルから調整されたが19年後半から上昇トレンドに。21年5月から高値モミ合い気味だが、8月第3週に上抜けして上場来高値。26週移動平均線が下支え。

米国市場ではダウ工業株30種平均やナスダック総合指数も史上最高値圏にあり、各社が新高値なのは全体相場の後押しもある。逆にいえば、相場が崩れた場合は影響を免れない点に注意したい。

（『株式ウイークリー』編集長・山川清弘）

〔エピローグ〕米国経済の未来と株価

米国株の黄金時代は続くのか

経済評論家・加谷珪一

新型コロナウイルスが依然として猛威を振るう中、米国株式市場は終息後を見据えて動き始めている。米国株は日本株と比較して圧倒的な上昇率だった。長期的に見た場合、米国株は今後も有望であり続けるだろうか。

株価というのは、長期的には企業が活動する国のGDP(国内総生産)に比例して動く。当たり前に聞こえるだろうが、この事実について多くの人が見過ごしている。

次図は1990年を基準にした米国株と日本株、そして両国の名目GDPを比較したものである。

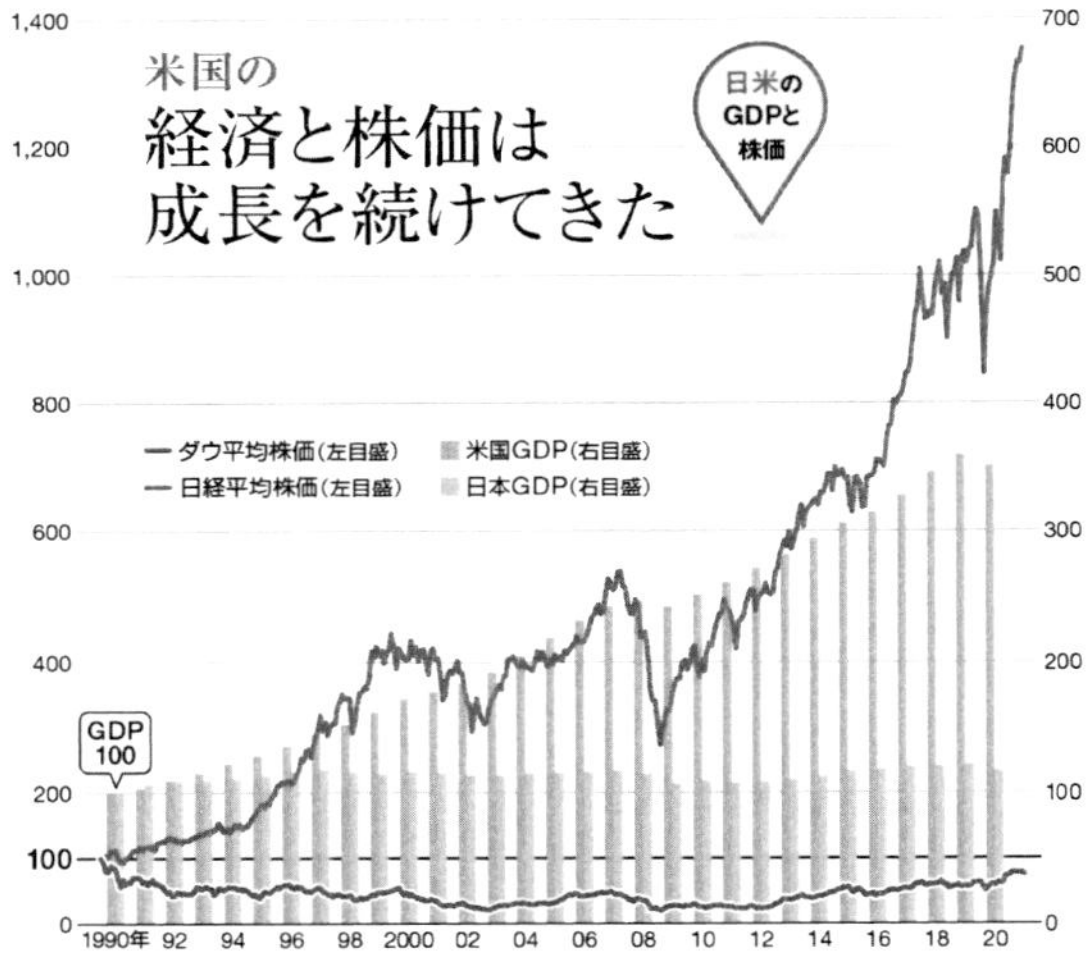

(注)GDP、日経平均株価、ダウ平均株価は1990年＝100としたときの相対値。GDPは名目
(出所)米商務省、内閣府の資料を基に筆者作成

株価というのは将来の期待収益を反映するのでGDP成長率よりも株価上昇率のほうが高くなるが、基本的に株価はGDPに比例する。株価と名目GDPが連動するというのは経済学から論理的に導き出せる命題なので、高い成長が予想される市場を選択することは、重要な基本戦略といってよいだろう。

日本は90年代以降、事実上のゼロ成長が続いている。これは半ば構造的な要因であり、長期化する可能性が高いことは当時から指摘されていた。こうした分析結果に素直に従い、伸びる市場である米国株に投資した人と、国内株のみだった人との間には埋めようのない差が生じている。株価とGDPの関係が普遍的なものだとすると、各国の予想成長率の違いは、最も重要な判断材料になる。

結論から先に言うと、筆者は米国経済が今後も堅調に推移すると予想しており、米国株式市場が有望な投資先であり続けると考えている。しかしながら、世界経済は戦後最大の転換点を迎えており、引き続き成長が見込めるといっても、米国経済の構造も従来とは様変わりする可能性が高い。当然のことながら構造転換は銘柄選定にも関わってくるので、マクロ経済にそれほど興味がない投資家でも、ある程度、知っておいたほうがよい。

戦後経済、とくに80年代以降は、米国を中心としたグローバルスタンダードの進展が株価を押し上げてきた。大胆な規制緩和と減税を軸とするレーガン政権の経済政策（いわゆるレーガノミクス）によって米国企業は否応なく競争環境に放り込まれた。アウトソーシングなど国際分業が進み、新興国の経済成長も加速。90年代以降はIT革命が加わり、米国株は空前の上げ幅となった。

だが、今回発生したコロナ危機が、こうした従来型成長路線の見直しを迫っている。従来はグローバル化とITを使った業務効率化が成長の原動力だった。だがITが社会に普及するにつれ、テクノロジーを基本にビジネスそのものを再設計するという、さらに次元の高いIT化が進み始めた（人工知能の活用はまさにその象徴といってよい）。

加えて新興国の筆頭だった中国の技術力が高まり、2030年ごろにはGDPで米国を追い越す可能性が高まっている。中国は国際特許の出願件数や優秀な論文の引用件数で米国を上回っており、数字上は米国と同等かそれ以上の技術力を持つまでになった。これまで国際標準は事実上、米国標準を意味していた。近年は分野によっては国際標準＝中国標準というケースが出てきており、米国中心の従来型グローバルスタンダードの概念は徐々に崩壊しつつある。

こうした状況で発生したのが米中対立とコロナ危機である。トランプ前政権は中国を敵視する戦略に舵を切り、中国からの輸入に高関税をかけた。米国への輸出が期待できなくなった中国は東南アジアとの貿易を増やし、米中経済の分離（いわゆるデカップリング）が進み始めた。バイデン政権になっても米国の対中政策は大きく変わっておらず、デカップリングがさらに進展するのは確実な情勢だ。

世界はブロック化する

しかもコロナ危機によって各国企業は世界中に張り巡らせたサプライチェーンの縮小を余儀なくされており、近隣からの調達比率を上げる動きが顕著となっている。近隣からの調達が増えれば、中国は東南アジアと、米国はメキシコなど中南米との取引を増やすと考えられ、世界経済の分断化はさらに進む。近い将来、世界経済は、米国圏、中華圏、欧州圏という3つの独立した経済圏で構成されるブロック経済にシフトする可能性が高く、各国の成長予想はこの前提条件下で行う必要がある。

世界経済がブロック化すると、日本のような貿易立国にとっては逆風だ。一方、米国にとってはむしろ追い風となる可能性が高い。米国が中国や日本など世界各国から大量の製品を輸入してきた背景には、米国人の旺盛な消費欲と経済のグローバル化がある。米国にとって輸入は消費欲を満たすための手段にすぎず、経済を回すためのエンジンではない。しかも米国は世界有数の食糧生産国であり、かつ世界最大の産油国でもある。そして今でも多くの移民を受け入れており、先進国としては珍しく継続的な人口増加が見込める。

米国はすべてを自給できる立場にあり、言い方は悪いが世界でも突出した巨大な田舎ということになる。そしてブロック経済下ではこうしたモンロー主義（米国流孤立主義）的な米国の強みが最大限発揮される可能性が高いのだ。

バイデン政権はコロナ対策と次世代技術への先行投資を兼ねて、総額で450兆円もの財政支出を計画する。計算方法にもよるが、これはＦ・ルーズベルト大統領のニューディール政策に匹敵する水準だ。筆者が行ったマクロ経済モデルによる長期予想では、米国の実質ＧＤＰは中国に抜かされるものの、６０年までに2倍の規模拡大が見込める（多くの調査機関も似たような推計を出している）。米国株もＧＤＰと歩調を合わせて上昇し、今後も黄金時代が続く可能性が高いだろう。

【週刊東洋経済】

加谷珪一（かや・けいいち）

東北大学卒業後、日経ＢＰに入社。野村証券系の投資ファンド運用会社に転じ、企業評価などに従事。その後、コンサルティング会社設立。『お金は「歴史」で儲けなさい』など著書多数。

本書は、東洋経済新報社『週刊東洋経済』2021年9月11日号より抜粋、加筆修正のうえ制作しています。この記事が完全収録された底本をはじめ、雑誌バックナンバーは小社ホームページからもお求めいただけます。

小社では、『週刊東洋経済 eビジネス新書』シリーズをはじめ、このほかにも多数の電子書籍ラインナップをそろえております。ぜひストアにて「東洋経済」で検索してみてください。

『週刊東洋経済 eビジネス新書』シリーズ

No.366 地銀 大再編
No.367 おうちで稼ぐ!
No.368 老後マネーの育て方
No.369 製薬 大リストラ
No.370 リスクシナリオ 2021

No.385　大転換の商社ビジネス
No.386　会社とジェンダー
No.387　全解明　経済安全保障
No.388　ソニー　掛け算の経営
No.389　２０５０年の中国〔前編〕
No.390　２０５０年の中国〔後編〕
No.391　相続の新常識
No.392　無敵の文章術
No.393　物流　頂上決戦
No.394　すごいベンチャー２０２１〔前編〕
No.395　すごいベンチャー２０２１〔後編〕

週刊東洋経済eビジネス新書　No.396
米国株　超入門

【本誌（底本）】
編集局　林　哲矢、秦　卓弥
デザイン　小林由依、藤本麻衣
進行管理　三隅多香子
発行日　2021年9月11日

【電子版】
編集制作　塚田由紀夫、長谷川　隆
デザイン　市川和代
制作協力　丸井工文社
発行日　2022年7月21日　Ver.1

発行所　〒103-8345
東京都中央区日本橋本石町1-2-1
東洋経済新報社
電話　東洋経済コールセンター
03（6386）1040
https://toyokeizai.net/
発行人　駒橋憲一

電子書籍化に際しては、仕様上の都合などにより適宜編集を加えています。登場人物に関する情報、価格、為替レートなどは、特に記載のない限り底本編集当時のものです。一部の漢字を簡易慣用字体やかなで表記している場合があります。本書は縦書きでレイアウトしています。ご覧になる機種により表示に差が生じることがあります。

本書に掲載している記事、写真、図表、データ等は、著作権法や不正競争防止法をはじめとする各種法律で保護されています。当社の許諾を得ることなく、本誌の全部または一部を、複製、翻案、公衆送信する等の利用はできません。

もしこれらに違反した場合、たとえそれが軽微な利用であったとしても、当社の利益を不当に害する行為として損害賠償その他の法的措置を講ずることがありますのでご注意ください。本誌の利用をご希望の場合は、事前に当社（TEL：03-6386-1040もしくは当社ホームページの「転載申請入力フォーム」）までお問い合わせください。

※本刊行物は、電子書籍版に基づいてプリントオンデマンド版として作成されたものです。

※本刊行物は、電子書籍版に基づいてプリントオンデマンド版として作成されたものです。